à

elle qui sait ?

80

MICRO-TEXTES

Les Écrits des Forges, fondés par Gatien
Lapointe, existent grâce à la collaboration
de l'Université du Québec
à Trois-Rivières

Le ministère des Affaires culturelles et
le Conseil des Arts ont aidé à la
publication de cet ouvrage.

Distribution

En librairie:
Diffusion Prologue
2975, rue Sartelon
Saint-Laurent, H4R 1E6
(514) 332-5860

Autres:
Diffusion Collective Radisson
903, St-Thomas
C.P. 335
Trois-Rivières, G9A 5G4
(819) 379-9813

ISBN
Écrits des Forges: 2 - 89046 - 189 - 0

Dépôt légal / deuxième trimestre 1990
BNQ et BNC

Paul Rousseau

MICRO-TEXTES

Les Écrits des Forges
C.P. 335
Trois-Rivières, G9A 5G4

ROULER LA NUIT

Taxi 30 troue la nuit Texaco
des cris ras sous ses roues
de la vie rapide aux vitres
dans le petit matin ruelle
celui des enfants mal famés
balayés sur le pare-brise
oubliés rouges au rétroviseur
lumineux dans un monde lampadaire

le chauffeur a de longs phares soyeux
et une angoisse toute allure
le soir bouffi sous les yeux
avec une cigarette pincée
et une bouche qui dérape
vers les sommeils zigzags
les rêves des routes bleues
l'asphalte à finir

sur la banquette délicate
une jeune fille posée
avec son blond au plafond
comme une étoile passagère
cloutée de cuir molesquine
avec une main au genou
un frisson sur la lèvre
un doigt peint sur une détente brève

un revolver qui rutile
bijou d'acier dans sa paume
menace de fer sur la nuque du chauffeur

LE GUÉPARD

La vie plantée d'antilopes
musclée de soleils et d'Afrique bondissante
fonce sur la plaine avec des murmures
    troupeaux du vent à cornes.

Mais le bonheur des savanes contemplées
s'arrête près d'une touffe dressée.
L'herbe rauque tachée d'yeux jaunes.
Le péril fauve sur fond de broussailles
bondit!
Mourir griffé de solitude sous des félins
    indistincts
par ses cris déchirés, sa vie renversée.
Vouloir le vent.
Vouloir la plaine.
Laisser couper l'herbe avec le pied.
Le moment rude entre debout et plus jamais.

L'OUEST

L'ouest brun des bottes de Cowboy
enfoncé de gestes de pick-up Ford
trace des plaines où siffle du blé
les charolais ont soif

And the sun goes down on la femme de
    Bobby Jones
un fermier monté sur le bleu de ses jeans
plein cuir dans sa blouse carrée
l'amour toujours laboure
L'ouest comme le colt de Bobby Jones
quand la vengeance fait le tour de la grange
mire les coupables au rodéo qui va mourir
Au loin les rails épellent Saskatchewan

TV-DINNER

Mourir à la télévision
cerné d'américain rude
criblé de crimes lumineux
de guerres pointillées
de corps qui tombent
sans lever le petit doigt

Périr de bonheur détergent
pour une speakerine bien lavée
aux sourires ultra-brite
aux désirs encore plus blancs
l'aventure savonneuse

Rater sa propre vie documentaire
à contempler de flou carré
et ce violet qui palpite
sur les murs de sa chambre
la nuit qui se présente mal
les tv-dinner qu'on resservira demain
avec les mauvaises nouvelles
Le ridicule luit...

LA PLAGE

Au loin le bikini romantique
haut et court avec du talent
rose et roux avec des bontés luisantes
que le soleil vernit
ouvrant la chaleur sous un sourire mouillé
le slip doux remonte vers le bar
ses contours bronzés
font rougir la plage en dandinant
soudain la chute des cuisses
sur la ratine salée
une bretelle nue sur la sable détaché
les coquillages perlent

derrière s'assoit la mer défaite
l'horizon surfe sur les affiches
le triangle des Bermudes fait des ravages

HOLD-UP

Le visage tranché de rouge aux lèvres
la bouche à palissade d'ivoire
d'où hurle un king-kong rose
c'est la caissière du dernier cri
les ongles plein les joues
mille yeux sur son comptoir
prunelles nues contre main armée
pour un instant entendre voler
mais retentit le moment de tirer
un sein martyr
pureté sur les dollars

WAR

La guerre U.S. fait des trous dans l'été souple
Elle fait boom sur les villes d'enfants nus
Boom sur les jungles d'ennemis bronzés
Boom sous les casques chauves des G.I.
    jeunes
ce sont des Joe et des Bill
qui achèvent des vies kakies
héros sous les roquettes purples
ils se meurent d'éclats étoilés
en sentinelles d'América

Devant, le jour explose dans les tranchées

ON THE ROCKS

L'aube crisse sur la calotte polaire
propre et pâle une banquise
sort de l'ombre avec un air lavabo
le blizzard blitze dans un coin
en emportant les bébés phoques
blanche neige revient
suivie de près par la clarté

à grands traits bleus
le vent arrache les joues d'une petite
        esquimaude
sous son anorak
la vie gèle en se dépêchant
son père déjà loin, bat les chiens
pour le retour à l'igloo
dans quinze minutes,
déjeuner inouï pour un ours blême

le matin mord le cou des glaciers
pour six mois

NUITS D'ARABIE

Bien bédouin le soir couché
doucement chien de Dieu
dans le bleu de bivouac
la nuit qui brame
Aziz a ses yeux oasis
pleins d'eau et de mirages
où roucoulent des torrents
et du sexe ruisselant
sa main gauche caravane
sa bouche à boire plane
pour la peau d'une fille de Fez!
Femme voilée voilà le soleil

Reg rose

VIDÉO X

La télé ouvre les cuisses
avec des cris électriques
une actrice sourire cerise
clapote sous des doigts suédois
elle a des amis gonflés
pulpeux d'audace et de technicolor
tous tant tarzans à essouffler la volupté
son nu
Mais l'amour choisit ce moment pour
   changer de canal
la stupeur entre par en arrière
pressés, les seins mettent les voiles
les parois frisent
quelques taches sur l'écran et la peau ride

SPARTACUS ROUGE

Quarante mille
dans l'hier gladiateur
martèlent des yeux
l'horizon nuit
sous le souple des chevaux
la peur
soudain
le grand cliquetis sur la plaine
l'acier gicle des fourreaux
la mort fend les peaux
la surprise des armures
le vent rauque

demain dans deux mille ans
le flanc des vaincus
aux dents des charrues
la bonne terre vaut bien
des sacrifices

THÉ ANGLAIS

Jadis l'après-midi bordé de bégonias
les jardins potelés d'arbustes
le gravier qui crépite
sous les chaussures blanches
les tennis bondissants de jeunes gens
les filles à rubans
pétries de bonheur à joues
les garçons durs et précis, avec des raquettes
leur flirt sur les pelouses chics
les cris polis des glaçons dans les verres
les rires pincés bien haut
des tout-petits, culottes courtes
les premiers baisers de chocolat
le plaisir des mamans étouffées de corsets
le thé servi en mains propres

Justement
qui entend le bruit du ciseau
sur la haie gonflée
et les Mary plein les cuisines
à se faire des mains rouges
pour cirer la vie

LES PUNKS

La rue ramène ses mohicans nouveaux
torturés d'aube par un matin d'acier
beaux et rouges dans leurs cuirs sauvages
aigles des allées profondes
à guetter le pied léger des passants
et leurs visages pâles au tranchant

et parfois une jeune vie chevauchée
dans un mustang monté
pur sang

SHANGAÏ LOVE

Bianca baignée de jour blanc
étire un pied langoureusement
que vient palper un sourire frais
C'est Mai-Ling jeune fille
mouillée de soleil fin
de pluie bue, d'orient crépu
prête à dévorer le velouté nu-pied
Elles ont l'amour fauve dans une chambre
en plein jour de fleurs tatouées
sur des épaules qui tombent
et la chute des reins au bas du lit

PALM SPRINGS

Johnny, le sable bêle près des routes en lasso
les troupeaux de blond font des dunes
    dociles
le soleil jette du mexicain dans les pores
du zénith qui ruisselle sur la vie sur le plat
comme un désert à la plage
comme un midi d'Arizona soyeux
alors la chevauchée torride
les cowboys qui viennent en Jeep
    américaines
la mujer délicieuse
son teint multiculturel
Los Angeles dans un slip bronzé
l'amour est une estancia blanche
griffée de buissons ronds
les yeux fermés de mandolines

À cent à l'heure les cactus poussent vite

TRAVAILLER

Le jour agite des gens brefs
sur des chaises droites
ce sont des collègues froncés
rayés de soucis et de néon blanc
qui gagnent une vie de petits chiffres
et la perdent aussi
avec un courage plié
des espoirs computés
en des tas d'exemplaires
au fond de tiroirs choses
où de temps en temps
de temps en temps seulement
rôde un rêve à gros sexe...

ÉVOLUTION

Trois millions d'amis verts
coincés dans les forêts fougères
terribles de préhistoire
et d'horreur calleuse
regardent mourir leur monde lézard
le mésozoïque s'en va dentelé

C'est la fin des forts en gueule
et des sourires brontosaures
et de la vie mastodonte
et Rex qui serre ses petits poings
en songeant au soleil qui s'en va
à la mer qui remonte
à la mort tout au bout.
À l'aube de l'audace à deux pattes
La velue, la droite
Oublier ses amis blindés
ses rêves à longues dents
et surtout ce vert sur sa peau

Malgré tout la lumière
le matin.

BUS STOP

La vitre découpe des forêts
loin sous des ciels autobus
où les mondes happés heureux
ont la vie mouillée sous l'épaule
des grincements d'humanité à pied
dans le travail des coudes gris
pour serrer les rêves
dans des serviettes rêches
les mains pliées sur des journaux pliés
le quotidien qui bêle

Mais une fleur d'autobus
avec un sourire qui s'assoit
ventouse tous les regards
vers son siège posé
sa tête courte pâle
sur un fond de gratte-ciel
son sourire d'après-midi
met du vert dans les yeux

un jardin dans ma ville

INRI

La souffrance pin-up
enfoncée au côté
en plein spleen
de trois heures
un vendredi maigre
pour sauveur nu
planté de larrons
par la soif cloué
irrigué de sang et d'eau
crie Jésus!

après
la terre en black-out
sous un ciel tempête
fouettement le vent
et rideau du temple

la solitude faite fils

MADAME

Cinq heures Cartier
au poignet allongées
d'une tendrement marquise
d'une Fifth Avenue argentée
qui a toujours eu l'été foncé
et des yeux tous bijoux
quand les baisers décolletés
des rendez-vous canapés
Plaisirs de femme du monde

prendre la liberté sur ses genoux
boire à ses bas avec ses ongles sur la vitre
rêve de chauffeur dans une jaguar anglaise

SUR LA ROUTE

Le vent écrit des mouches
sur le front des enfants penchés
dans les pare-brise familiaux
leurs petits cadavres salissent le paysage
Papi crispe au plancher
en suivant la ligne pointillée
les arbres s'étirent en sifflant
parce que Einstein
l'auto enfourne l'avenir
par l'asphalte habituel

mais un destin mince monte du chemin
c'est la ligne blanche qui mord un pneu
et la ligne jaune dans les essieux
Alors la roue de la vie
ses flancs blancs battant au vent
freine à mort
Trois tonneaux font des bruits tragiques
dans le mauvais sens du trafic
les enfants froissent, métal hurlant
Papi macule un ciel stupide

dans le lointain une sirène sait
les mouches aussi

PARTIR

Partir jeune à midi
sur un jean grand ouvert
une fille cuir sous l'épaule
Jack Kérouac plein les poches
la mousson dans les yeux
dans les chemins seuls au monde
vers les ciels doo bee doo
l'aventure pieds-nus
l'avenir dans du bleu
la vie panoramique

AU BUREAU

Plus près secrétaire blanche
à éventrer du courrier
la jupe sur des gratte-ciel
contemplés sous le capital
ses doigts sur l'avant-midi
à retaper la candeur
par l'urgence attaqués
cent dossiers

dehors un laveur de vitres
sa chute en reflet
sur le téléphone
hurlera entre deux étages
sur la figure de la
sténo-dactylo

debout, l'horloge continue de compter

K.O.

Bing brute au tapis
bourrue de biceps
et de poisseur à spots
s'assassine d'étoiles
en comptant jusqu'à 10
sa vie dans les cables
les poings dans le ciel du gagnant
la gloire décrochée avec des gants

ring rude

MISSIONNAIRE

La nuit épatée d'Ouagadougou
bruissée de bambous bas
boude la vie qui bat
le tamtam fumant des marmites
la mort debout missionnaire
attaquée de lèvres chaudes
son sang saoul sur le sable
la nuit blanche dans la bouche
sous la lune en quartier
avec un zeste de vie sans cri
qu'un souvenir sous la langue
un coeur sur la main
tendue de tiers-monde

DÉJEUNER

Ce matin gaufré entre mes tartines
la vie gît dans le brun des tasses
nue,
giflant le pain quotidien
réfléchit une lame:
du poivre fait mal à l'oeuf
combien de soleil dans une bouchée

En formation de blitz tu entres!
souliers fermés, poudre aux yeux
et ton devoir qui appelle à la radio
ta résistance sur le perron des bonjours
déjoue mon avant-midi mou
le journal bavarde la boîte aux lettres
sous la nappe plissent les rêves d'hier

CARAÏBES

Midi est bleu sur la mer des Caraïbes
l'azur sue dans les lagunes lisses
on dirait un océan de piscines torrides
mais le sang qui nage et les poissons rouges
les ploufs blottis des hommes à la mer
le chapelet des goélands qui attendent
la douleur du galion qu'on achève par le fond

tout derrière
une île rayée de soleil

AU LOUP

La promenade des crocs
dans la clairière
des cous clairs
pour mieux mon enfant
jaillir la vie chaperon
une petite fois rouge
éperdus de forêt vierge
douleur sur douceur
et petit pot de beurre
la mort d'une enfant sage
dévorée d'histoire

hurle la chevillette

HOLLYWOOD BOULEVARD

Les étoiles meurent à Hollywood
foulées sur les trottoirs de star
piquées aux joues des Mercedes de nuit
parquées dans des ciels néons
au-dessus des Mexicains qui passent
elles souffrent dans les peignoirs de bains dorés
près des piscines en forme de cigares
sur des fenêtres qui s'ouvrent sur la mer
on les entend pleurer derrière le rideau
le plus grand rideau du monde
leurs rêves font des plis sous l'écran magnifique
mais les allées cirées les ignorent
la gloire aussi
alors un dernier flash
et brusquement comme un cri
comme un coup sur la toile
vient le plus noir
le plus dur des adieux
comme la mort en caractères gras
le mot ultime
le mot fin

GOLF

Grand et glauque, tendre et teint
matin vert déchiré de souliers
rosée douce que le soleil explose
vent très bas contre pelouses planes
mais écoutez le cliquetis humide dans les sacs
le tertre crépu, le petit clou, la petite balle
et tout là-bas, l'océan green à remporter
la plage éparpillée pour embêter
les creux, les crêtes et l'eau cachée
le trou velu qui rit, qui rit

17 ANS

Je suis jeune et nickelé
bardé de frais et de rock rouge
blindé de blouson à clous
bouclé de blond au cou
et ma vie m'attend

Je suis jeune et fuselé
moulé sur une moto musclée
plaqué de courage de cuir
armé d'un sourire carré
et ma vie m'attend

Je suis jeune et gonflé
bombé de bitume bleu
plongé dans un virage large
fauché sur un pré labouré
et ma vie m'attend

Je suis jeune et blessé
couché sous un ciel piqué
ciselé en lamé comme une étoile
qui brille dans les yeux des passants
et ma mort m'attend

AIR

Jette le ciel Boeing
par les hublots bleus
sonique la vie super
quand l'hôtesse pilote
sa jupe automatique
son sourire sky
vers un trouble passager
fils large et bronzé
une valise bombée
sur son destin dynamique
terreur à réaction

Mach 4 le bruit
et métal assassiné
la plongée des nuages
siffle la catastrophe
vers le sol éparpillé

plane commandant

5 à 7

Un grand gars brisé
la bouche comme une ruelle la nuit
boit
une maison poudrée de soleil l'été
une femme courge sur une piscine
des queue leu leu d'enfants bleus
la beauté boulonnée dans l'entrée
douze amis luisants sous l'effort
un avenir rose sur un bureau lisse
il boit sa vie qui n'en finit plus de se répandre

Mais il restera toujours le ciel
à bouffer aux oiseaux
et la mer rongée de bateaux
et la terre à nourrir les charrues

alors il boit

OCTOBRE

J'aime l'automne quand le pourpre
s'agrippe au toit des bungalows
la vitre du salon regarde partir les oiseaux
le long des cuisses les jupes repoussent
les vérités en tas à ramasser à la pelle
les souvenirs de chiens aussi
l'automne
la vie bêle
les vaches rentrent leurs fermiers
les bourgeois roulent leur pelouse
les avions louchent au sud
j'aime moins l'école
et les enfants pleurant doucement
frappés par les professeurs
les arbres coupés pour chauffer l'hiver
les pommes pressées contre la terre amère
la mort qui pleut sur les rêves des passants

heureusement ton visage penché
contre mes épaules de laine

L'URSSE

Trotskie très dure amourée
aux seins coupoles dressées
mousmée dans Moscou glacé
a un coeur qui martèle
faux cils sur fard rouge
et beauté peu commune
une chaîne à son cou libre
son prolétariat dandinant
52 étoiles dans les yeux
pour un rêve d'América
ou de perestroïka

Russe jeune fille

PACIFIQUE

Surfée la vie là-bas
surgie de soleil splash
dans le juillet sablonneux
des jeunes filles marines
leurs 16 ans éclaboussants
quand elles meurent à pleine bouche
près du shampooing des vagues
de la mer qui plie
forever vahinées
pour squale seul sous le salé

sillage le sang

À MOI

Les yeux hérissés
aux longs barbelés soyeux
qui vous agrippent dans ses cils
un peu de douceur rase sur ma joue mâle
jeune fille trempée à mon courage d'acier
partons pour un slow très loin
avec les contours permis
et la musique taxi
sous les ciels à dormir debout
sous les wow de papillons vernis
les oiseaux qui rient
dans la barbe des vieux arbres
je voudrais toujours ta vie à mon cou
et le présent que j'enfonce

ICEBERG

La suée des paquebots
siffle les matelots
leur mer aux canots
leur transe atlantique
comblée de salle des machines
c'est la fin d'un rêve de titan
qui s'enfonce en penchant
les femmes et les poumons d'abord
la mort troisième classe
l'orchestre de côté
ma veste pour Virginie
une vitre sur ma vie
à cause d'une vigie

sur l'acier lisse
un glacier glisse

VIE

Un tout petit bébé
sur un drap clôturé
ses pieds qui pédalent
ses jabs plein les bras
le bleu de ses yeux sans défense
comme les oiseaux sur les murs

Un tout petit bébé
à cause d'un décolleté
d'une jupe sur le côté
d'un ouragan à yeux grands
ivre de cuisses cuivres
de ma blonde aux yeux bruns
que j'aime d'amour un

Un tout petit bébé
à cause d'Adam et d'Ève
de la faim au jardin
de l'humanité pommier
à replanter chaque fois
comme si c'était la dernière
éclater et mourir un peu
et revenir
avec un tout petit bébé

ATLANTIS

Capitaine crie
dans le clair de cockpit
une larme à l'orbite
le cosmos plein la gorge
parce que l'air fuit
et la vie aussi
périr dépressurisé
en peine d'oxygène
illuminé d'infini
et de vide vrombi
la nuit percée d'étoiles
à jamais

AU BAR

Ma mimi moulée
serveuse talon haut
à cause du blond dans sa nature
et au bout de ses bras
a son écume broutée fraîche
sur de longs cabarets
une bouche dorée de bouteille
ma langue dans son tiède d'anglaise
son soleil en lampées

ma nuit mouillée
son look jaune dans les toilettes à hommes
retour esplanade et parquet frais
vers la barricade des amis vitreux
à la table des rêves assis
le plafond aux idées ventilées
la nuit à remonter liquide
à perdre haleine

l'avenir est une cigarette

PELVIS LOVE

Un sexe qui parle et qui dit vrai
mollusque et circonflexe
pleutre tout froncé
et longtemps mouillé
balbutie heureux
une vertu tout crue
une beauté très chat noir
des alléluias mous
un plaisir hurlant

mini peau

Hold-up

Le visage marbré de rouge aux lèvres
la bouche à palissade d'ivoire
d'où hurle un King Kong rose
c'est la caissière du dernier cri
les ongles plein les joues
niellé yeux sur son comptoir
prunelles nues contre main armée
pour un instant entendre voler
mais retenti le moment de Tirer
un sein martyr
pureté sur les dollars

TABLE DES TEXTES

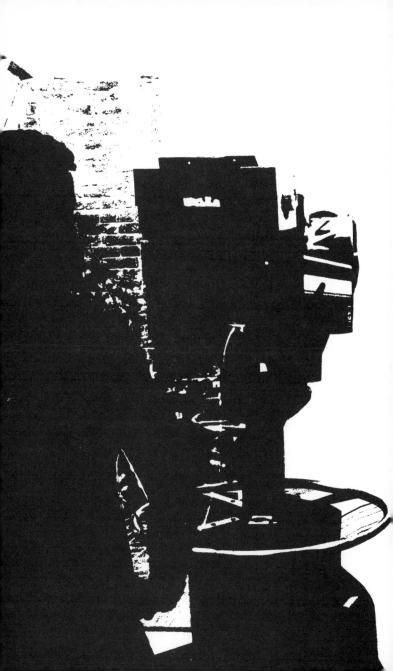

Écrits des Forges
LES ROUGES-GORGES

Cet ouvrage, composé en times corps 11 par
COMPOGRAPHIE 2000 inc.,
sous la direction de Louise Blouin et Bernard Pozier,
a été achevé d'imprimer pour le compte
de l' éditeur Les Écrits des Forges,
sur les presses de l'Imprimerie St-Patrice Enr., à
Trois-Rivières, Québec, en avril 1990.

Imprimé au Québec